100 FAITS INCROYABLES SUR LE FOOTBALL

DES CURIOSITÉS CACHÉES DU MONDE DU FOOTBALL QU'UN VRAI FAN NE PEUT MANQUER DE CONNAÎTRE

MERCI D'AVOIR ACHETÉ CE LIVRE!

POUR VOUS REMERCIER NOUS VOUS OFFRONS GRATUITMENT 3 BONUS :

50 FAITS EXTRA SUR LE MONDE DU FOOT

20 VIDÉOS INCROYABLES SUR LE MONDE DU BALLON ;

<u>CET HOMMAGE EST RÉSERVÉ AUX LECTEURS DE CE LIVRE.</u>

SCANNEZ LE QR CODE QUE VOUS TROUVEREZ SUR LA PAGE SUIVANTE POUR ACCÉDER A VOTRE BONUS ET RECEVOIR LES APERÇUS EXCLUSIFS DE NOSNOUVELLES PUBLICATIONS.

PRENEZ DEUX MINUTES POUR EFFECTUER L'ENREGISTREMENT AFIN DE POUVOIR VOUS IMMERGER IMMÉDIATEMENT DANS LE MONDE MAGIQUE DU FOOT.

CELA DIT, NOUS VOUS LAISSONS LIRE LE LIVRE, EN ESPÉRANT QUE LES INFORMATIONS VOUS SERONS UTILE POUR APPROFONDIR LE CÔTER AMUSANT DUBALLON.

BONNE LECTURE !

1

En Chine, les premiers ballons de football ont été fabriqués à partir de vêtements cousus et remplis de pierre concassée. En Europe, au Moyen Âge, les ballons de football étaient fabriqués avec des vessies de porc gonflées.

À partir du XXe siècle, une chambre à air interne en caoutchouc a été utilisée, recouverte de 12 bandes de cuir non imperméable.

À nos jours, le rembourrage utilise du cuir synthétique en PVC (dérivés du polyvinyle) ou en PU (polyuréthane).

Aujourd'hui, le Pakistan est le plus grand producteur de ballons de football au monde, il n'en produit environ 40%!

2

Le match avec le plus grand nombre de buts de l'histoire du football a été joué à Madagascar en 2002 entre l'AS Adema et le SO L'Emyrne 149-0. Le SO Emyrne a intentionnellement perdu le match pour protester contre les décisions arbitrales des matchs précédents. Ce match a largement dépassé le précédent record de 35-0 qui remonte à 1885 entre deux équipes écossaises.

3

Le record d'expulsions en Serie A a été enregistré lors de la saison 97/98 entre la Sampdoria et Piacenza. Contrairement à ce que beaucoup pourraient penser, il n'y a pas eu de bagarres mais les chroniques de l'époque parlent d'une imposition excessive de la part de l'arbitre. Le match s'est terminé 8 contre 9 et avec 10 avertissements au total.

4

Dans un match entre West Ham et Newcastle, Alvin Martin a marqué un triplé contre trois gardiens de Newcastle différents tous dans le même match. Le match s'est terminé 8-1 et à ce jour, ce record reste unique en son genre.

5

La règle numéro « 2 » du football établie que le ballon doit être une sphère de circonférence comprise entre 68/70 centimètres et un poids compris entre 410 et 450 grammes, et recouverte de cuir ou d'un « autre matériau approprié ». Le poids spécifié fait référence à un ballon sec, car les balles fabriquées dans le passé étaient imprégnées d'eau si l'on jouait dans des conditions pluie. La plupart des ballons modernes se composent de 32 panneaux de cuir imperméable (ou plastique), dont 12 sont pentagonaux et 20 hexagonaux.

6

Lors de la demi-finale de la Coupe du monde 1938, le short de l'Italien Giuseppe Meazza tombe alors qu'il s'apprêtait à tirer un penalty.
Malgré cela, il a gardé son short et a marqué calmement devant le Brésilien Valter Zenga.

7

L'un des premiers cas enregistrés de football moderne a eu lieu dans la prison de Newgate au début des années 1800. Les prisonniers qui avaient été reconnus coupables de vol étaient punis de la perte des mains.
Ils ont appliqué les règles générales du jeu du football avec l'ajout nécessaire de jouer sans mains. Cette règle est devenue une caractéristique du football moderne.

8

Cristiano Ronaldo détient le record du plus grand nombre de buts marqués par un joueur actif et détient le record du plus grand nombre de buts en Coupe du Monde de la FIFA et en UEFA Champions League. L'une des raisons pour lesquelles Ronaldo peut marquer si souvent est qu'il peut sauter 2,56 mètres, soit 0,13 mètre de plus que le record olympique établi par le sauteur cubain Javier Sotomayor en 1993.

9

En 2000, le joueur Celte de Cross Farm Park Lee Todd a reçu un carton rouge après avoir proféré des injures pour le volume du sifflet seulement deux secondes après le début du match. Il a été immédiatement expulsé de la pelouse et banni des terrains de jeu pendant plus d'un mois.

10

Le football est le sport national de nombreux pays à travers le monde et se joue presque partout. En effet, plus de 250 millions de personnes, y compris des athlètes professionnels, des joueurs universitaires, des équipes de lycée et des enfants dans des ligues de football jouent au football dans plus de 200 pays.

11

Comme tous les sports, le football est connu pour avoir de nombreuses blessures, étant un sport assez physique et de contact. Ce qui est particulier, c'est qu'une blessure sur 20 ne se produit pas en raison d'un affrontement ou d'une défaillance musculaire pendant le match, mais lors de la célébration d'un but avec l'équipe! Heureusement, ce ne sont généralement pas les blessures les plus graves.

12

Les cartons jaunes et rouges n'ont pas toujours existé. En effet, le football n'utilisait pas d'arbitres jusqu'en 1891 et les joueurs appelaient les fautes en fonction de leur esprit sportif. Mais Ken Aston, après avoir supervisé la Coupe du monde de 1962 qui a été frappée par de lourds affrontements et des tacles peu amicaux, a pensé à un moyen facile de réguler la discipline pendant le match : jaune signifie « reste plus calme » rouge signifie « stop, tu es dehors ». Les cartons ont fait leurs débuts à la Coupe du monde 1970 au Mexique et à partir de ce moment, ils sont devenus une partie intégrante du jeu.

13

Le plus jeune joueur à avoir fait ses débuts dans un match de football officiel est Mauricio Baldivieso dans le Club Aurora de Cochabamba en 2019. Le footballeur a réussi à faire ses débuts dans l'élite à l'âge de 12 ans.
Alors que le footballeur le plus âgé à avoir joué un match officiel est Kevin Pool en 2014, à l'âge de 51 ans .

14

La « zone Cesarini » est si bien connue dans le jargon du football grâce à l'interne homonyme de la Juventus qui a joué au début des années trente du XXe siècle. Le footballeur avait l'habitude de marquer quand les matchs touchaient à leur fin.

Quand quelqu'un utilise ce terme, cela signifie qu'un but, une passe décisive ou un tir a été fait dans les dernières minutes d'un match.

15

L'année 2021 s'est terminée par la victoire du championnat néerlandais par l'Ajax. Dušan Tadić a sans aucun doute été l'un des protagonistes de cette équipe (dont il est également le capitaine) clôturant l'année avec 37 passes décisives, jamais personne comme lui. Le précédent record était celui de Lionel Messi avec 36 passes décisives à son actif.

16

Richard Wright, un gardien de but qui a joué pour l'équipe nationale d'Angleterre, lors de l'échauffement du match de FA Cup 2006 entre Everton et Chelsea, s'est blessé en tombant sur un panneau qui se trouvait à l'intérieur de la porte où il s'entraînait. Ce panneau, en fait, disait de ne pasutiliser la porte pour se réchauffer, mais d'utiliser portes plus petites sur le côté du terrain.

17

Ce n'est pas la même chose, bien sûr, mais pour les passionnés de deux roues, c'est un mélange presque parfait. Le football à moto (ou Motoball) est un véritable sport qui se joue dans certaines parties de l'Europe et implique dix motos (8 joueurs et 2 gardiens de but). Chaque match dure quatre-vingts minutes et est divisée en quatre temps de vingt minutes.

18

Le premier match officiel de l'histoire du football a eu lieu le du Boxing Day (le 26 décembre 1860) et se sont affrontés le Sheffield FC et l'Hallam FC, les deux plus anciens clubs de football du monde.

Le Boxing Day est une célébration liée à la Premier League, au cours de laquelle les équipes anglaises vont sur le terrain en une journée pour être apprécié d'un seul coup.

19

Avant de rentrer sur le terrain Cristiano Ronaldo, pendant la préparation dans les vestiaires, met toujours la chaussette droite en premier. Sur le terrain, il entre en dernier en faisant le premier pas sur le terrain avec le même pied. Cette superstition vient de quand il a commencé à jouer dans le Real.

20

La finale de Ligue des Champions la plus emblématique de l'histoire est certainement celle disputée entre Manchester United et le Bayern Munich lors de la saison 98/99. Le Bayern a immédiatement pris les devants avec un but sur un coup franc qui a totalement changé l'inertie du match. Dans les dernières minutes, Manchester a désespérément essayé de marquer le but du match nul, qui est arrivé. Moins d'une minute plus tard, le United, toujours sur le développement d'un coup de pied de coin, a marqué le but de la victoire, rendant les supporters anglais fous de joie.

21

Le 16 juillet 1950, au Maracanã a été joué Brésil-Uruguay, un match dans le groupe final de la quatrième édition de la Coupe du monde de football. Il y avait jusqu'à 199 854 supportaires dans les tribunes. Ce match restera dans l'histoire non seulement pour le record de spectateurs de tous les temps, mais aussi pour la retentissante défaite du Brésil contre toute attente pour 2 buts à 1. Ce match emblématique est connu sous le nom de « Maracanazo ».

22

Le premier et le seul cas dans l'histoire du football est le match emblématique entre la Fiorentina et la Pistoiese joué en 1954. Dans plusieurs endroits de la capitale toscane, des ovnis ont été repérés alors que les deux équipes s'affrontaient dans un match amical. En deuxième mi-temps, l'arbitre a dû arrêter le match parce que 10 000 personnes ont commencé à regarder le ciel à cause de la présence d'objets non identifiables. Dans le rapport que l'arbitre a compilé, il a écrit : « Match interrompu pour OVNI ».

23

En 1999, le Suédois Stefan Schwartz a signé un contrat avec le Sunderland qui comprenait une clause quelque peu particulière. Le joueur, en fait, ne pouvait pas voyager dans l'espace car les compagnies d'assurance n'auraient couvert aucun accident. Le club s'est justifié en déclarant que l'un des assistants de Schwartz s'était acheté un siège sur un vol commercial pour l'avenir. De toute évidence, il aurait pu amener son client avec lui.

24

Le Brésil est la seule équipe nationale à avoir participé à toute les Coupes du monde depuis la création du tournoi. Tous les autres pays, que ce soit pour des raisons liées aux éliminations dans les éliminatoires ou pour des raisons non footballistiques, n'ont pas pu être présents dans toutes les éditions.

25

En Italie, le total des joueurs membres sont d'environ 1 million et 400 mille. En proportion, il y a beaucoup plus de footballeurs en Islande (21 mille) qui représentent environ 7% de la population totale de l'île (330 mille).

26

Habituellement, la relation entre les clubs et les entraîneurs n'a pas tendance à être très durable. Ce n'est pas le cas de Guy Roux, entraîneur des Français de l'Auxerre depuis 44 saisons. L'entraîneur en absolu à être assis sur le banc du même club pendant le temps le plus long de tous les temps.

27

Enrique Romero, ancien arrière gauche de Valence, Majorque, Deportivo et Betis, en 2003, lors d'un voyage à Pampelune, a eu une rencontre rapprochée, à l'aéroport, avec une vipère, qui l'a mordu, ne lui permettant pas de jouer le lendemain. Exactement 24 heures après l'incident, à la fin du match, le joueur est retourné à l'aéroport avec ses coéquipiers pour rentrer chez lui. Un voyage long et fatigant.

28

En 1958, le français Just Fontaine marque 13 buts, portant son équipe à la troisième place en Suède. Fontaine a marqué un triplé lors du match d'ouverture, deux autres lors de la défaite contre la Yougoslavie et a terminé le groupe avec un but gagnant contre l'Écosse. Il a ensuite marqué deux buts contre l'Irlande du Nord en quarts de finale, et a marqué à nouveau lors d'une défaite 5-2 contre le Brésil en demi-finale.

Dans le match pour les troisième et quatrième places, il a marqué qquatre autres buts pour établir. Un record remarquable !

29

Josef Bican était une légende du Slavia Prague, considéré comme le footballeur tchèque le plus fort de tous les temps, ainsi que l'un des meilleurs sportifs tchèques de l'histoire. C'est lui qui a créé le plus grand nombre de buts de l'histoire. Ce record est valable à la fois pour lescompétitions officielles (805 buts) et en l'absolu en ce qui concerne également les matchs amicaux (1468 buts). De plus, Bican a été le seul joueur au monde à avoir joué et marqué pour trois équipes nationales différentes.

30

Vous êtes-vous déjà demandé pourquoi le maillot de l'Italie est bleue et non tricolore ?
La couleur bleue a été choisie pour rendre hommage à l'ancienne Maison Royale de Savoie.
Celui de l'Italie n'est cependant pas le seul cas. L'uniforme allemande, par exemple, blanc avec passepoil noir, a les couleurs des Hohenzollern, souverains de Prusse, tandis que l'orange de l'Hollande rappelle la Maison d'Orange-Nassau, une famille royale des Pays-Bas.

31

Aux Jeux olympiques d'Atlanta en 1996 , qui se sont terminés par l'incroyable victoire du Nigeria, lors du match Brésil-Hongrie, Ronaldo le Phénomène aurait profité d'un moment de confusion pour faire pipi sur le terrain. Le joueur a avoué peu après la fin du match, que pendant quelques minutes de jeu arrêté, il s'était éloigné pour donner libre cours à ce besoin qui le tourmentait. Comment a-t-il fait ? Assis sur le sol et se cachant avec la balle!

32

Incroyablement, dans le jeu de football, il y a aussi la possibilité de marquer avec les membres supérieurs. Les gardiens de but peuvent le faire, s'ils font une levée avec leurs mains si fortes qu'elles surmontent le gardien adverse. Un cas particulièrement compliqué, mais pas impossible.

Contrairement à la relance du gardien de but, au cours d'une remise latérale, il n'est pas permis de marquer directement au but. Si cela se produit, le but ne pourrait être validé que si un autre joueur, même fortuitement, touchait le ballon.

33

En 2018, un gardien égyptien a battu le record du monde du joueur le plus âgé de la Coupe du monde. Lors de la Coupe du Monde de la FIFA en Russie, Essam el-Hadary avait 45 ans, soit deux ans de plus que l'ancien détenteur du record. Le seul joueur à ne pas être gardien de but parmi les cinq précédents détenteurs de records était Roger Miller, qui a joué aux États-Unis pour le Cameroun lors de la phase de groupes de la Coupe du monde 1994.

34

La soi-disant guerre du football, ou même la guerre des 100 heures, était un bref différend entre El Salvador et le Honduras en 1996. Le nom se base sur le fait que la guerre a été menée après que le Salvador a perdu un match de football contre le Honduras lors d'un match de qualification au Mexique. La défaite a provoqué des troubles des deux côtés.

35

Lors de la Coupe du monde 1938 en France, l'Allemagne et l'Autriche ont formé une équipe. Le Reichstrainer Otto Nerz devait suivre des instructions précises sur la composition de l'équipe nationale. Sur le terrain, il y avait six joueurs allemands et cinq autrichiens. Cependant, après l'annexion involontaire de l'Autriche à l'Allemagne, les joueurs sont devenus plus rivaux que coéquipiers. Personne n'est surpris que l'Allemagne ait obtenu son pire résultat historique en 1938.

36

Lors de la finale de la Coupe du monde 1966, entre l’Anglettaire et l’Argentine, l’arbitre Rudolf Kreitlein a montré le carton rouge à l’Argentin Antonio Rattin. Ce dernier a cependant refusé de quitter le terrain.

Pour ce geste, après quelques minutes, il a été emmené par la police. Pendant ce temps, le joueur a été repoussé et insulté par le public qui, pris par l’euphorie, a commencé à lui jeter des barres de chocolat. Le joueur, plutôt que de répondre, ramassait les barres et les mangeait.

37

On estime que tout au long de sa carrière, le champion Zlatan Ibrahimovic a dépassé un gain total de 300 millions d'euros. En partie, bien sûr, il est a investi dans les produits de luxe et l'immobilier. Il s'agit notamment d'un appartement à New York, d'un immeuble sur le lac de Côme et d'une église au cœur de Stockholm, achetée pour en faire un hôtel. En plus de ces propriétés, il possède également deux îlots, où il passe souvent son temp libre à se consacrer à la chasse et à la pêche. Enfin, il n'e s'est pas fait manqué un appartement à Malmö (la ville où il est né).

38

Francesco Totti est connu pour ses exultations exubérantes et amusantes. L'une des plus célèbres a eu lieu le 11 avril 1999 dans le deuxième Derby de la capitale de la saison 1998-99, dans lequel il a marqué pendant les dernières minutes du match et a célébré avec un maillot sous son maillot, qui récitait « Je t'ai purgé à nouveau », en référence aux événements du derby précédent contre la Lazio le 29 novembre 1998. Dans ce match, Totti a aidé la Roma à revenir de 3-1 avec une passe décisive d'Eusebio Di Francesco pour 3 à 2 et finalement le but de 3-3.

39

Croyez-le ou non, le football n'a pas toujours été un sport aussi cher qu'aujourd'hui. De nos jours, les joueurs ont généralement 4-5 jours de congé entre deux matchs pour récupérer, à la fois mentalement et physiquement. Cependant, dans les années 90, quand il y avait moins d'argent et que les joueurs devaient faire tout ce qu'il fallait pour subvenir à leurs besoins, Mark Hughes, un joueur de Manchester United et une star du Pays de Galles, devait assister à deux matchs de football en une seule journée.

Lorsqu'il a signé le contrat pour passer de Manchester United au Bayern Munich, Hughes a dû jouer non seulement un match avec sa nouvelle équipe, mais aussi un match avec son équipe nationale (Wales national team) dans un match de qualification le même jour.

40

Alex Torr, de Rawson Spring, a marqué trois buts d'affilée en seulement 70 secondes contre les Gardens. Le premier but a été marqué à la onzième minute de jeu, le deuxième 11 secondes plus tard et le troisième à la douzième minute.

41

En 2005, les KK Palace et les Civics (deux équipes de Namibie, une nation africaine) ont fait match nul 2-2 et sont allés aux tirs au but. Les pénaltys apparemment sans fin se sont terminées en faveur du Palace qui a gagné avec un score de 17-16 après un total de 48 pénalités.

42

En 2017, l'attaquant brésilien Neymar Jr. a rejoint le PSG pour l'énorme somme de 222 millions d'euros, ce qui en fait en fait le transfert le plus cher de l'histoire du football.

43

Le 1er mai 2009, Dan Magness, un jeune Britannique de 25 ans, a réussi à battre le record du monde (appartenant auparavant à un jeune brésilien, Martinho Eduardo Orige) de dribbler avec un ballon de football. Le jeune, pendant 24 heures, a dribblé sur un trottoir près de chez lui sans jamais faire toucher le ballon au sol. Dan a passé la nuit entre les coups de tête, du genou, de la droite et de la gauche, établissant à 14h00 du lendemain le nouveau record d'environ 250 000 dribbles!

44

En 2015, Mario Thissen, un garçon allemand, un joueur passionné de FIFA 2015, a manqué un penalty avec Götze et a cassé le joystick. Cette pénalité manquée au moment le plus délicat de la rencontre virtuelle a été fatale au garçon et le joystick rendu inutilisable. Furieux, le garçon a écrit sur la page officielle du Bayern Munich un message avec une photo, montrant le joystick endommagé et demandant au joueur un remboursement de 50 euros pour les dommages subis. De manière inattendue, Götze lui a envoyé une chemise dédicacée, un nouveau joystick et le jeux Pes 2015.

45

En plus du talent du football, en marquant beaucoup de buts et portant le maillot du Barcelone , Lionel Messi et Luis Suarez ont également une autre chose en commun: ils font tous les deux pipi assis.
Lors de l'émission «La Camiseta», une émission de la célèbre télévision uruguayenne, les deux joueurs ont échangé des confidences liées à leur vie privée respective, et en particulier, lorsqu'il s'agissait d'avouer dans quelle position les deux faisaient pipi, Messi fut surpris d'apprendre que son compagnon faisait lui aussi pipi assis. «C'est plus confortable, parce que le matin vous dormez», a déclaré la Puce argentine à Pistolero.

46

La technologie VAR utilise un brevet de Sony Hawk-Eye Innovations qui permet à l'entreprise de bénéficier d'environ 2,2 millions d'euros par saison.

Les organismes sportifs tels que la FIFA sont prêts à payer la facture pour rendre le jeu plus authentique, en amusant et pour assurer des matchs de haute qualité .

Hawk-Eye Innovations détient un brevet de 20 ans et a également pris des mesures pour maximiser la façon dont elle peut tirer profit de latechnologie, qui est utilisée pour plus de 20 sports dans plus de 90 pays.

47

La taille d'un terrain de football peut varier en longueur et en largeur en fonction de l'espace disponible pour jouer. La FIFA a créé des règles officielles sur la taille du terrain et a établi des normes de terrain à suivre pour toutes les ligues professionnelles. Les dimensions d'un terrain professionnel doivent varier de 100 à 130 mètres de longueur et de 50 à 100 mètres de largeur.

Tant que le champ est conforme à ces tailles, des matchs officiels peuvent être jouée, dans les Ligues de jeunes, la taille est ajustée en fonction de l'âge des joueurs.

48

Le trophée de la Coupe du monde a fait d'un chien nommé Pickles un héros national. Le trophée de la Coupe du Monde a été volé à Londres, 4 mois avant la Coupe du Monde en Angleterre. Ce jour-là, la tasse était exposée au Central Hall de Westminster et, lors d'une messe, quelqu'un a brisé le verre de l'étui et l'a volé. Quelques jours plus tard, le coupable a été arrêté, mais la tasse n'a pas encore été retrouvée. Le 27 mars, un homme nommé David Corbett avec son chien, Pickles, a trouvé un objet enveloppé dans de vieux journaux sous une haie. C'était la Coupe.

Le quadrupède est entré dans l'histoire, il a été récompensé avec de lanourriture pour chiens pendant un an et on lui a offert des apparitions dans plusieurs films à deux fois le salaire normal du chien.

49

En 2008, l'arbitre Sergei Shmolik a dirigé un match de Premier League biélorusse entre Vitebsk et Naftan.

Élu meilleur arbitre de Biélorussie en 2007, Shmolik a arbitré tout le match depuis le milieu de terrain central avant d'être escorté hors du terrain !

Inutile de dire qu'un test médical après le match a révélé des niveaux élevés d'alcool dans son corps, ce qui l'a conduit à être suspendu par la Fédération biélorusse de football.

Ce que l'on se demande, c'est comment il est arrivé sur le terrain et comment il a duré 90 minutes dans le rond centrale.

Cette histoire était probablement la performance la plus déconcertante d'un arbitre de tous les temps.

Ce qui est effrayant, c'est que Shmolik a peut-être même arbitré le meilleur match de sa carrière, sans rien comprendre !

50

Il n'y a que 3 joueurs dans l'histoire du football qui ont marqué à chaque minute du match. Auparavant, seuls Cristiano Ronaldo et Zlatan Ibrahimovic détenaient ce record, mais Luis Suarez les a également rejoints.
Croyez-le ou non, il n'y a pas de quatrième joueur qui a réussi cet exploit, pas même Lionel Messi.
En septembre 2021, Suarez a marqué un but contre Getafe à la 78e minute du match. Cela signifie que seuls Ronaldo, Zlatan et Suarez ont marqué au moins un but à chaque minute de la 1ère à la 90+7ème. Ce record est l'un des plus rares, et seuls trois joueurs ont atteint ce résultat

51

Le premier carton rouge est apparu en 1966! Lors d'une rencontre très tendu entre l'Argentine et l'Angleterre, l'arbitre a voulu expulser un défenseur argentin. N'ayant pas d'outil spécifique pour le faire, il lui a dit de quitter le terrain avec ses mains. La confusion régnait: le joueur refusait de sortir. Après cet épisode, il a été décidé d'utiliser un objet clair pour indiquer qu'un joueur devait retourner au vestiaire: le carton rouge était né.

52

À partir de la saison 1995-96, la numérotation libre des maillots a été introduite. Jusque-là, les numéros de maillot étaient toujours fixes, de 1 à 11. Avec le numéro 1, il ne pouvait y avoir que le gardien, le 2 était confié à l'arrière droit et le 3 à l'arrière gauche. Et ainsi de suite jusqu'à la fin, avec le 7 pour l'aile droite et le 9 pour l'attaquant. Le nombre le plus précieux est certainement le 10, celui du fantasque, du champion le plus doué, le numéro de Pelè, Maradona, Platinì et Baggio.
Le choix du numéro de maillot est toujours Un moment fondamental pour chaque joueur et chacun a son préféré pour les raisons les plus variées. Souvent, le choix est déterminé par l'année ou la date de naissance pas nécessairement la sienne.

53

Lorsque la barre transversale n'existait pas encore, marquer des buts était beaucoup plus facile qu'aujourd'hui. En fait, selon les règles officielles publiées par la Fédération anglaise de football, on considérait comme un but «tout tir qui touchait l'espace entre deux poteaux positionnés l'un de l'autre de 8 yard (environ 7 mètres et 30 cm)».

Aucune règle ne précisait la hauteur du but et par conséquent, toutes les balles qui volaient au-dessus des poteaux (même sur plus de 15/20 mètres) auraient valu un but. Pour réduire la hauteur du cadre de la porte, en 1886, une corde a été introduite qui reliait les poteaux aux extrémités supérieures. Ce n'est qu'en 1870 que la première barre transversale est apparue, et en 1882, la Football Association l'a officiellement introduite dans les règles du jeu.

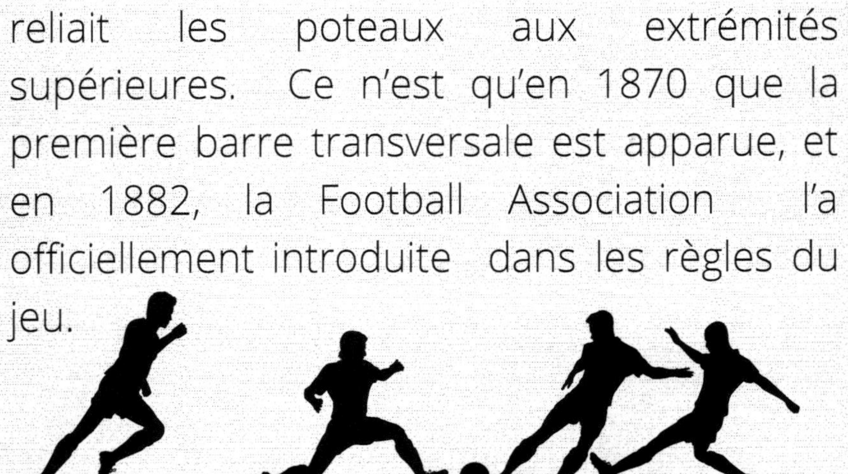

54

Cela peut sembler absurde, mais Pelé (pour beaucoup le joueur le plus fort de tous les temps) a réussi à arrêter une guerre pendant quelques jours. C'est arrivé en 1967, alors qu'une véritable guerre civile se déroulait au Nigeria: la « guerre du Biafra ». Elle a été interrompu pendant deux jours car les personne devaient voir Pelé jouer au football. À cette époque, le Brésilien jouait un tournoi avec le Santos en Namibie.

55

Une nouveauté qui depuis quelques années fait partie du monde du football est celle du «spray évanescent». Il s'agit d'un vaporisateur qui sert aux arbitres à tracer une ligne sur le terrain de jeu lors d'un coup franc devant la barrière afin l'empêcher d'être placée à une distance inférieure du point de frappe (qui sera également marqué avec le spray).
Mais qu'y a-t-il à l'intérieur de cette boîte?
Le spray contient une composition d'eau et un mélange de gaz butane dans un pourcentage qui varie entre 5% et 30%, d'isobutane et de propane, plus une substance émulsifiante qui sert à fabriquer la mousse.
Tout est dosé pour que l'arbitre puisse dessiner une bande d'environ 10 cm d'épaisseur, qui reste visible pendant au moins une minute et qui, après trois minutes, passe à l'état de vapeur sans laisser de résidus, quelles que soient les conditions météorologiques.

56

Les invasions de terrain ont toujours fait partie du sport et surtout dans le monde du football, nous assistons souvent à ce type d'interventions » de la part des supporters. Mais il n'y a pas toujours que les supporters qui font irruption sur le terrain : en 2019, à la 17e minute, Kinsey Wolanski, mannequin américaine de 23 ans, a couru à l'intérieur du terrain où elle a participé. il a joué la finale de la Ligue des champions entre Tottenham et Liverpool pour annoncer un site adulte de son partenaire. À son tour, cependant, la jeune mannequin a gagné environ 3 millions d'abonnés sur son profil Instagram. Le partenaire, stupéfait par le courage de la jeune fille, lui a demandé de l'épouser quelques jours après la finale.

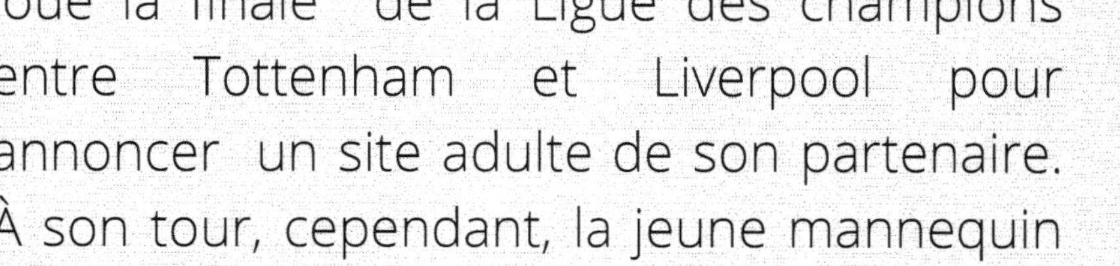

57

En 1990, l'équipe nationale albanaise de football a été arrêtée à l'aéroport d'Heathrow à Londres après que l'équipe ait pris plus de 3 000 dollars de marchandises dans une boutique hors taxes et ait mal compris le terme en partant sans payer. Les difficultés à retenir l'équipe ont augmenté car aucun traducteur n'a pas pu être trouvé, après quelques heures, ils ont été libérés.

58

Lors d'un match en Angleterre entre Brendtford et Colchester pendant lasaison 70'/71', un petit chien a envahi le terrain et s'est mis à la poursuite du ballon (dans tout cela, l'arbitre n'a pas interrompu le jeu); quand il est arrivé au gardien Chic Brodie, le chien a fait un contraste le faisant tomber en avant. La blessure était loin d'être légère, le joueur en effet, suite à cette blessure n'a plus joué un match de football.

59

En 2019, le prometteur arrière droit Wan-Bissaka a rejoint Manchester United pour environ 50 millions de livres. Ce qui est particulier, c'est que le joueur de cette saison n'a récolté que 6 apparitions, ce qui en fait le joueur ayant le coût le plus élevé pour les apparitions faites dans l'histoire.

60

Le premier joueur de l'histoire du football à effectuer un transfert d'une équipe à une autre a été Willie Groves en 1893, déménageant de West Bromwich Albion à Aston Villa pour un chiffre d'environ 100 £, 8 ans après le football professionnel était officiellement reconnu.

61

Parmi les 10 meilleurs transferts de tous les temps, le milieu de terrain argentin Ángel Di María est le joueur qui a été payé le plus en termesd'indemnités de transfert totales. Tout a commencé lorsque le club portugais du Benfica a versé plus de 5 millions de livres au premier club professionnel de Di Maria, Rosario Central. Après 3 ans à Lisbonne, Di Maria a déménagé au Real Madrid pour un montant proche de 23 millions de livres pour le joueur alors âgé de 22 ans. Après quatre ans de succès à Madrid, Manchester United a payé 52,5 millions de livres pour s'emparer du joueur. Dans la phase de déclin de sa carrière, il a été vendu aux champions Français du Paris Saint-Germain pour une somme de 44 millions de livres, l'Argentin a réussi à coûter à ses clubs un total de 125,3 millions de livres en 5 transferts.

62

Après 11 ans dans son premier club professionnel, le milieu défensif de l'équipe nationale russe Igor Denisov a été vendu par le Zenit Saint-Pétersbourg à Anzhi Mahachkala en juin 2013 pour 15 millions d'euros. Mais seulement deux mois plus tard, lorsque l'Anzhi à court d'argent a commencé à vendre ses meilleurs joueurs, Denisov a été vendu à nouveau après avoir fait seulement 3 apparitions avec le club du Dynamo Moscou. Malgré les difficultés économiques, Anzhi a réussi à vendre le joueur au même montant qu'il avait initialement payé.

63

L'événement sportif qui a suscité le plus d'intérêt dans l'histoire du football est la finale de la Coupe du monde entre la France et la Croatie au cours de l'été 2018. Si l'on ne prend en compte que les cotes d'écoute de la télévision, sans compter les téléspectateurs sur les plateformes numériques et ceux présents dans les places devant les écrans géants, il y avait plus de 1,12 milliard de personnes dans le monde .

64

Il y a certaines règles dans le football auxquelles nous ne prêtons pas une attention particulière car elles sont très enracinées dans le jeu lui-même, comme la règle selon laquelle chaque joueur de l'équipe doit porter le maillot de la même couleur. On a vite découvert qu'il y avait un gros inconvénient, par exemple lors de coups francs ou de coups de pied de coin, il était extrêmement difficile pour l'arbitre de comprendre qui est réellement le gardien de but et qui est le joueur. Avec le résultat qu'à de nombreuses reprises, il était pratiquement impossible de comprendre qui avait réellement pris le ballon avec ses mains.

Ainsi, à partir de la Première Guerre mondiale, les gardiens de but ont été forcés d'avoir un uniforme différent de celui de leurs coéquipiers

65

Bernd Stöber était le plus jeune entraîneur de l'histoire de la Bundesliga, en particulier au Sarrebruck, un poste qui n'a duré qu'une semaine au cours de la saison 1976/77, après que Slobodan Cendic ait été relevé de ses fonctions. À 24 ans, un mois et 17 jours, il s'est assis sur le banc lorsque le Sarrebruck a été battu 5-1 par Cologne; une journée oubliable qui lui a tout de même valu un record.

66

Ce n'est qu'à partir des années 60 qu'un championnat national allemand a finalement été mis en place. Cela s'est produit le 28 juillet 1962 lorsque la DFB (Deutscher Fußball-Bund - ou FA allemande) a voté à Dortmund par 103 voix contre 26 pour introduire une nouvelle division supérieure de ses ligues régionales connue sous le nom d'Oberliga, qui représentait le nord, l'ouest, le sud, le sud-ouest et la capitale Berlin. Il n'y avait, bien sûr, pas de ligues de l'Est puisque l'Allemagne avait été divisée en Allemagne de l'Est et en Allemagne de l'Ouest après la Seconde Guerre mondiale. La Bundesliga était, avant cela, en effet la ligue de l'Allemagne de l'Ouest .

67

La Bundesliga affiche presque chaque année le meilleur taux de buts par match parmi les cinq premières ligues européennes.

Lors de la saison 2018/19, par exemple, les 306 matches de Bundesliga ont enregistré un total de 973 buts avec une moyenne de 3,18 par match. Ce taux était supérieur à celui de la Premier League anglaise (2,82), de la Serie A italienne (2,68), de la Liga espagnole (2,59) et de la Ligue 1 Française (2,56).

En fait, aucune saison de Bundesliga ne s'est jamais terminée avec une moyenne inférieure à 2,58, comme en 1989/90. Le but le plus riche de l'histoire a vu 3,58 par match en 1983/84, tandis que le taux de mi-saison en 2019/20 était de 3,25 buts par match.

68

Le stade du Borussia Dortmund, le Westfalenstadion, a une capacité totale de 81360 places et détient le record européen d'affluence moyenne de ses supporters. De plus son virage connue sous le nom de « mur jaune » est la plus grande virage d'Europe avec 24454 sièges disponibles. Cela en fait l'un des stades les plus beaux et les plus évocateurs jamais créés.

69

Ramalho est un ancien défenseur brésilien de Mayence. Un jour après une douleur dentaire persistante, il est allé chez le dentiste qui lui a donné une pilule pour lui faire passer la douleur. Cependant, le médecin avait tort et au lieu d'une pilule pour soulager la douleur, il lui a donné un suppositoire: Ramalho l'a pris par voie orale et a passé les 3 jours suivants au lit avec desdouleurs indicibles à l'estomac.

70

Que se passe-t-il si quelqu'un dans le public pousse une balle directement dans le filet? C'est une hypothèse qui s'est produite surtout dans les ligues mineures, mais il peut arriver que quelqu'un se positionne derrière le but et de pousser le ballon qui est sur le point d'entrer dans le filet. Si l'arbitre le remarquait, deux choses peuvent arriver : si le fait s'est produit lors d'une action ou d'uncoup franc, le ballon est remis en jeu par ce dernier. Si, en revanche, cettesituation devait se produire lors d'un penalty, ce dernier doit être répété.

71

Inaki Williams, attaquant de l'Athletic Bilbao, a joué tous les matchs de la Liga entre 2016 et 2022, ce qui en fait le joueur avec le plus d'apparitions consécutives. Ces derniers temps contre le Celta Vigo, il a disputé son 224ème match consécutif.

72

Depuis 1982, au moins un joueur du Bayern a été un habitué de chaque finale de coupe du monde .

L'Allemagne est apparue en finale en 1982, '86, '90, '02 et 2014 respectivement, tandis que des joueurs tels que Jorginho (Brésil en '94), Bixente Lizarazu (France en '98), Willy Sagnol (France '06) et Arjen Robben (Pays-Bas '10), bien qu'ils ne soient pas allemands, étaient présents dans les autres finales.

Le Bayern Munich est la seule équipe de club qui peut se vanter de ce record.

73

László Kubala a été le seul joueur à jouer pour trois nations différentes (comme reconnu par la FIFA).
Né de parents tchèques à Budapest, l'icône de Barcelone Kubala a joué pour la Tchécoslovaquie, la Hongrie et l'Espagne.
L'ancien attaquant du Real Madrid Alfredo Di Stefano a joué pour l'Argentine, l'Espagne et la Colombie, cependant, ses apparitions en Colombie au début des années 50 sont arrivées à un moment où la fédération de football du pays n'était pas officiellement reconnue par le FIFA.

74

Zlatan Ibrahimovic, légende emblématique du football avec plus de 400 buts, maintenant à Milan, a joué pour six équipes qui ont remporté la Ligue des champions, mais en réalité, il n'a jamais remporté le trophée directement.
L'attaquant a été à l'Ajax, Barcelone, Inter, Juventus, Milan et Manchester United.

75

Le stade Ottmar Hitzfeld a été construit en plein milieu des Alpes. Pour être plus précis, il est situé au bord des montagnes , près de la Ville suisse deZermatt. Le stade est situé à environ 2 000 mètres d'altitude et n'est accessible que par téléphérique.

76

Quand Xavi, légende emblématique du Barcelone, avait 19 ans, il était sur le point de signer pour Milan. Son père a donné son consentement, mais sa mère s'y est opposée en disant: «Si Xavi quitte le Barça, je divorcerai!»
En fait, la mère avait raison, 17 ans plus tard, le fils a récolté un total de 767 apparitions, 85 buts marqués et 25 titres remportés. L'un des réalisateurs les plus forts de l'histoire du football.

77

Lors de la saison 1937/38, Man City est relégué de la Football League FirstDivision malgré une différence de buts positive. Au total, cette formidable équipe a marqué 80 buts en championnat mais en a encaissé 77. Non seulement il a marqué 80 buts, mais c'était l'équipe avec le plus de buts de toute la ligue.

Ce qui était encore plus choquant, c'est que l'année précédente, City remportait le championnat avec un écart clair et que l'année suivante, ils avaient été relégués.

78

Zinedine Zidane, footballeur historique du Real Madrid et de la Juventus, vainqueur d'un Ballon d'Or en 1998, est l'un des rares joueurs au monde à pouvoir se targuer d'un palmarès plutôt inhabituel : dans toute sa carrière il ne s'est jamais mis en hors-jeu.

79

Une seule équipe étrangère au monde a une Copa del Rey, la principale coupe nationale d'Espagne, sur son armoire à trophées. L'équipe qui a remporté la compétition était Motherwell FC, la deuxième équipe de l'élite écossaise en 1926/27.

Ils ont été invités en tant à participer à une édition spéciale d'après-saison de la compétition. Swansea City suivait également le voyage, se rendant à Madrid pour participer au tournoi.

Motherwell s'est affronté en finale contre le Real Madrid, jouant à l'Estadio Chamartín (ancien stade du Real Madrid) en gagnant par 3 à 1.

80

Nicklas Bendtner, ancien joueur d'Arsenal et de la Juventus, a le même nombre de championnats remportés en Serie A que Francesco Totti (joueur historique de la Roma qui a joué avec les « Giallorossi » pendant 19 saisons), bien qu'il n'ait enregistré qu'une seule présence totale en Serie A.

La disparité entre les deux en termes de nombre de buts est frappante: Totti a marqué 250 buts en A, portant toujours le maillot des « Giallorossi ».

81

José Mourinho, l'un des entraîneurs les plus célèbres et les plus controversés de la scène mondiale, actuel entraîneur de la Roma, n'a jamais perdu un match joué à domicile entre 2004 et le 2011.
Au cours de cette période, il a entraîné certaines des meilleures équipes d'Europe: Chelsea, l'Inter (cette année-là, il a même remporté le Championnat, la Coupe d'Italie et la Ligue des Champions) et le Real Madrid.

82

Le père du footballeur de Manchester United Gary Neville, il était joueur de cricket dans l'élite anglaise , procureur de certains joueurs et directeur. Sa particularité ? Il s'appelait Neville Neville.

83

La FIFA compte plus de membres que d'états actuellement reconnus.
Il n'y a que 203 pays dans le monde reconnus par l'ONU. Cependant, il y a un total de 211 fédérations membres de la FIFA. La Grande-Bretagne, par exemple, a quatre équipes nationales: l'Angleterre, le Pays de Galles, l'Écosse et l'Irlande du Nord. Ensuite, il y a des cas uniques tels que le Vatican: il n'est pas membre officiel de la FIFA, mais il a sa propre équipe nationale de football.

84

Lorsque le Sud-Coréen Jung Hwan a mené la Corée du Sud 1-0 contre l'Italie, dans les minutes de récupération de la Coupe du monde 2002, il était littéralement fou de joie. Le lendemain, cependant, il a été renvoyé de son équipe, l'AC Pérouse, parce que le propriétaire du club a déclaré qu'il ne pouvait pas payer quelqu'un qui avait fait une telle chose à l'Italie.

85

La victoire 7-1 de l'Allemagne contre le Brésil en 2014 n'a pas été le match le plus marquant de l'histoire de la Coupe du monde. En 1982, la Hongrie a battu le Salvador 10-1, établissant un record qui est toujours invaincu aujourd'hui.

86

Ronny Heberson, un milieu de terrain brésilien toujours en activité aujourd'hui, détient un record quelque peu particulier: le tir le plus fort de l'histoire à partir duquel un but a été marqué. Le 26 novembre 2006, lorsque son équipe a gagné 4-0, il a lancé le tir le plus fort que l'homme ait jamais vu: la balle avait une vitesse de 221 km/h, dépassant la barrière et finissant dans le filet.

87

Le but marqué de la plus grande distance par un gardien (mais aussi en absolu) est celui du gardien anglais Tom King. Lors d'un match disputé en janvier 2021 en Angleterre entre le Newport County et le Cheltenham Town,King a marqué un but directement de son but jusqu'à 96,01 mètres. Le deuxième but marqué de plus loin appartient toujours au championnat anglais. Contre le Southampton, le gardien Asmir Begovic a marqué un but de 91,9 mètres!

88

La Serie A détient un record assez spécial: lors de la saison 2008/2009, il y avait un total de 53 gardiens de but employés au cours des 38 jours du championnat. Le nombre moyen de gardiens de but employés par équipe cette année-là était de 2,65. La saison s'est terminée par le triomphe de l'Inter.

89

Bien que le footballeur du Tottenham Jermaine Pennant ait été emprisonné pour conduite en état d'ébriété pendant plusieurs mois, il a joué contre le Birmingham City avec l'autorisation des autorités pénitentiaires. Il a dû jouer tout le match avec un bracelet électronique autour de sa cheville.

90

Le joueur le plus lourd de l'histoire du football est William Foulke, ancien gardien de but du Chelsea et du Sheffield, avec un poids de 150 kg et une hauteur de 193 cm. Malgré sa taille, il était l'un des gardiens de but les plus forts de la ligue anglaise entre la fin du 1800 et le début du 1900. Il comptait environ 300 présences avec le Sheffield et quand il est parti au Chelsea, il était le premier capitaine de l'histoire du club.

91

Lors de la Coupe du monde 1998 en France, la Roumanie a célébré le passage aux huitièmes de finale en teignant ses joueurs en blond, à l'exception du gardien Bogdan Stelea qui était complètement chauve. Ils ont ensuite été éliminés au deuxième tour par la Croatie avec un but sur penalty.

92

Cristiano Ronaldo a été expulsé de l'école alors qu'il n'avait que 14 ans parce qu'il avait jeté une chaise sur le professeur après que ce dernier, selon la biographie de Ronaldo, l'ait taquiné à propos des conditions économiques de sa famille. Après l'expulsion, Ronaldo s'est concentré uniquement sur le football et peu de temps après, il a été pris par l'académie du Sporting Lisbonne.

93

Le plus petit championnat du monde a lieu dans les îles Scilly, qui font partie de la Grande-Bretagne. Dans le tournoi, il n'y a que 2 équipes, les Garrison Gunners et les Woolpack Wanderers, qui s'affrontent 16 fois dans la même saison pour la victoire finale. Non seulement, en plus du championnat, il y a aussi les différentes coupes telles que la Wholesalers Cup et la Foredeck Cup, toujours avec les mêmes prétendants.

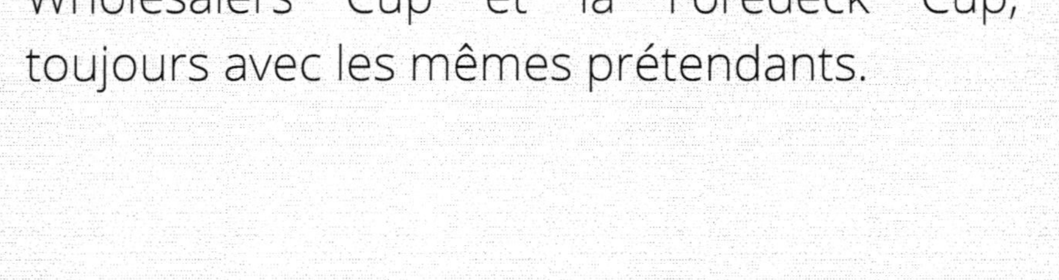

94

En 2011, le Norvégien Jone Samuelsen a marqué un but de la tête de la distance de 58 mètres. Il faut dire que le gardien était déjà sorti de la zone pour repousser un ballon dangereux dirigé vers son but, mais cela n'enlève rien au fait que Samuelsen a marqué un but spectaculaire et unique.

95

Si vous avez entendu le nom de Mwepu Ilunga, c'est parce que vous connaissez probablement l'histoire de la République Démocratique du Congo à la Coupe du monde de 1974. Après des qualifications surprenantes, les premières défaites ont commencé à arriver. Jusqu'à ce que les joueurs congolais soient menacés d'exil s'ils encaissent plus de 3 buts du Brésil; le match s'est terminé par 3 à 0. Au cours de la dernière action, le Brésil a obtenu un coup franc dans une zone dangereuse du terrain et un joueur congolais avec le ballon complètement immobile a lancé le ballon loin pour perdre du temps. Il a été réprimandé mais le Congo a réussi dans l'entreprise.

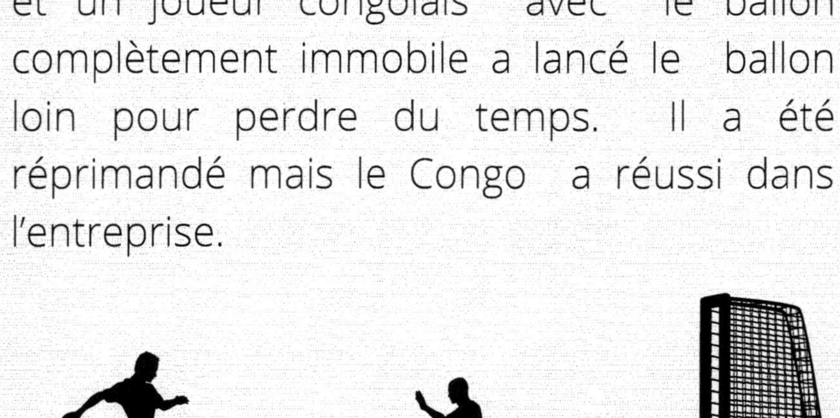

96

L'international danois Allan Nielsen n'a pas pu jouer un match lorsqu'il jouait pour Tottenham en raison d'une blessure assez particulière: sa fille à peine née l'a frappé dans l'œil lui causant beaucoup de douleur. Qui sait comment ses coéquipiers et son entraîneur ont réagi quand on leur a dit ce qui s'était passé...

97

Être arbitre de Premier League est un travail difficile; vous êtes constamment sous l'œil des critiques des joueurs et des entraîneurs pourchaque décision que vous prenez. Alors, combien les arbitres de Premier League sont-ils payés?
Les arbitres de Premier League sont salariés, ils reçoivent donc un salaire régulier et ont ensuite des primes s'ils arbitrent les matchs les plus importants. Selon l'expérience, un arbitre de Premier League peut s'attendre à gagner 70.000£ par saison. Le salaire de base d'un arbitre de Premier League se situe entre 38 000 et 42.000£ selon son expérience. Ils sont ensuite payés 1.150£ pour chaque match supplémentaire qu'ils arbitrent.

98

Chaque penalty en Premier League est désormais automatiquement vérifié par la VAR, alors quelles sont les règles officielles ? Un arbitre peut-il annuler la VAR dans d'autres zones du terrain ? Tout dépend de la décision qui est prise. Pour les décisions objectives, telles que le ballon en dehors des lignes du terrain ou pour le hors-jeux, la VAR informera l'arbitre lequel annulera toute décision. Pour les décisions subjectives, telles qu'une faute de main ou une faute de jeu , le VAR évaluera les images pour une « erreur claire et évidente », puis l'arbitre expliquera ce qu'il a vu. Si ce que l'arbitre a vu ne coïncide pas avec ce que les collaborateurs de la VAR ont vu , celle-ci peut conseiller de changer la décision, mais le dernier mot revient à l'arbitre.

99

L'arbitre compte comme un « corps actif » sur le terrain. Si la balle devait frapper l'arbitre et dévier dans le but, le but serait validé comme le règlement le permet. La règle 9.2 – Balle en jeu du Règlement de l'IFAB stipule que : « La balle est en jeu chaque fois qu'elle rebondit sur un officiel de match ou sur un poteau, une barre transversale ou sur le drapeau du coup de pied de coin et reste sur le terrain de jeu ». Cependant, si un supporter de la tribune court sur le terrain et marque un but, cela ne compterait pas.

100

Le football est considéré comme l'un des sports les plus intenses au monde, en particulier en termes de performance physique. Saviez-vous qu'en moyenne, un footballeur parcourt une distance de 7 miles (11,2 km) et en plus du fait qu'un match dure généralement 90 minutes avec seulement 15 minutes de pause pendant l'intervalle (ne tenant pas compte du temps de récupération). Un joueur de tennis parcourt 3 miles (4,8 km) par match, un joueur de cricket 8,5 miles (environ 13,6 km) mais dans un laps de temps d'environ 8 heures. Un joueur de basket parcourt environ 2,55 miles ou 4,1 km dans un match.

MERCI DE NOUS AVOIR CHOISIS !

NOUS SOMMES ARRIVÉS À LA FIN DU LIVRE E NOUS ESPÉRONS QUE ÇA A ÉTÉ UN VOYAGE PLEIN DE CONNAISSANCES.

EN SCANNANT LE QR CODE CI-DESSOUS VOUS TROUVEREZ DES ARTICLES QUE NOUS AVONS SÉLECTIONNÉ AVEC LESQUELS VOUS POUVEZ APPROFONDIR LES CONNAISSANCES SUR LE FOOTBALL ET PAS SEULEMENT.

EN PLUS, EN VOUS INSCRIVANT À LA NEWSLETTER VOUS RECEVREZ EN CADEAU RIEN QUE POUR VOUS 3 BONUS EXCLUSIFS !

Printed by Amazon Italia Logistica S.r.l.
Torrazza Piemonte (TO), Italy

41190234R00060